Sekundarstufe

Eckhard Berger

Max Beckmann

Anmalen und weitergestalten

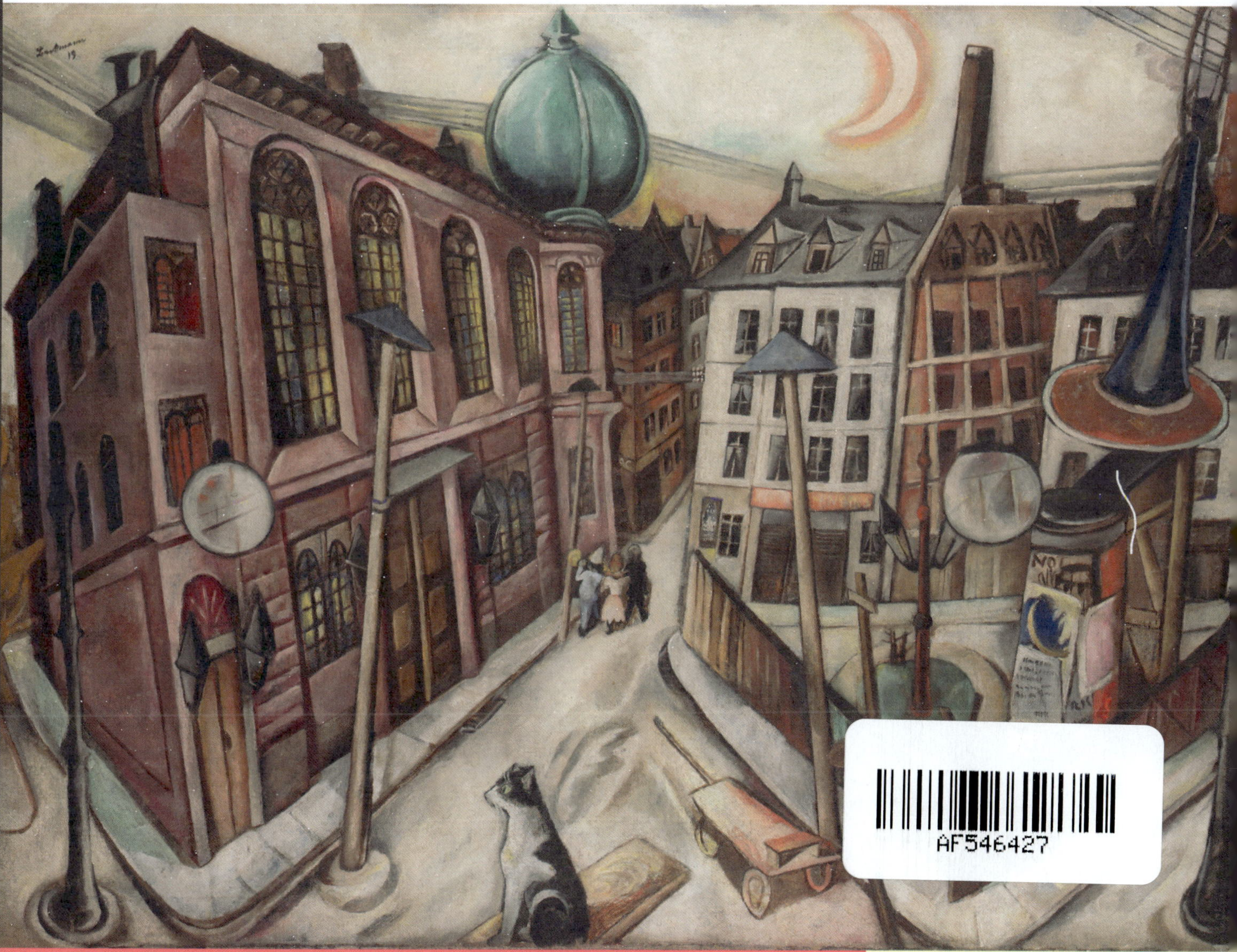

- Aufgaben und Projekte zum Leben und Werk des Künstlers
- Hochwertige Abbildungen und prägnante Sachtexte
- Ein Schulmalbuch

www.kohlverlag.de

Für alle Schulstufen und Unterrichtsformen

Max Beckmann

Anmalen und weitergestalten

1. Auflage 2024

Idee und Text: Eckhard Berger
Fotos: Archiv teamberger
Redaktion: Kohl-Verlag
Coverbild: CC BY-SA 4.0 Städel Museum, Frankfurt am Main – wikimedia.org
Grafik & Satz: Eckhard Berger und Kohl-Verlag
Druck: Elanders GmbH, Waiblingen

Bestell-Nr. 13 075

ISBN: 978-3-98841-142-6

Bildquellen © Adobestock.com
S. 2: © Africa Studio; S. 4: © Racle Fotodesign, fotogestoeber, pamela_d_mcadams; S. 5: © Val Thoermer, Daniel, Rico Oder, Christian Müller; S. 5-31: © calvinda; S. 10: © zef art; S. 23: © Jakob Fischer; S. 24: © massimo vernicesole; S. 25: © zatletic

Bildquellen Städel Museum, Frankfurt am Main
S. 6, 7, 8, 9, 11, 12, 13, 14, 15, 16, 17, 18 19, 20, 21, 22, 27, 28, 29, 30, 31

Inhalt

KOHL VERLAG MAX BECKMANN Anmalen und weitergestalten – Bestell-Nr. 13 075

Vorwort

Max Beckmann – Anmalen und weitergestalten gehört zu der neuartigen Schulmalbuchreihe, die als Schülerarbeitsbuch oder als Kopiervorlagenwerk einsetzbar ist. Sie führt konzeptionell innovativ und genial einfach direkt in das Leben und in das Werk der großen internationalen Künstler aus Vergangenheit und Gegenwart ein. Schülerinnen und Schüler aller Klassen und Schulformen erwerben begeistert Wissen, malen Bilder farbenprächtig an und gestalten sie ideenreich weiter. Mit fantastischen Ergebnissen belohnen sie sich und werden schnell Kunstexperte. Lehr- und Lerneffizienz sind garantiert.

Max Beckmann, Maler, Grafiker, Bildhauer, Autor und Hochschullehrer, gehört zu den bedeutendsten deutschen und auch internationalen Künstlern der Moderne des 20. Jahrhunderts. Sein am Anfang impressionistisch und später expressionistisch geprägter Stil war unverkennbar und einmalig. Er entwickelte die persönlichsten und eindruckvollsten Formenwelten, die neu für die Kunstgeschichte waren. Er hinterließ 850 Ölgemälde, Tausende von Grafiken und 8 Bronzeplastiken und erhielt zahlreiche Auszeichnungen. Seine Werke erzielen heute sensationell hohe Preise. Vielen nachfolgenden Künstlern war und ist Max Beckmann ein wegweisendes Vorbild.

Max Beckmann – Anmalen und weitergestalten beinhaltet viele prägnante Texte und hochwertige Abbildungen. Alle Aufgaben, die sich in jedes beliebige Format kopieren lassen, sind sorgfältig ausgewählt und erprobt. Sie können chronologisch als Reihe oder beliebig einzeln als Haupt-, Ergänzungs-, Vertiefungs- oder Nebenthema in allen Kunstunterrichtsformen inner- und außerschulisch eingesetzt werden. Auf Grund ihres hohen Selbsterklärungs- und Aufforderungscharakters ist eine Unterrichtsvorbereitung (fast) nicht notwendig. Nach einer kurzen Einführung starten die Schülerinnen und Schüler. Hauptarbeitsmittel sind neben dem Bleistift die Farbstifte (Faser-, Filz- oder Buntstifte). Auf größeren Formaten kann mit Tuschfarben gearbeitet werden.

Viel Freude und Erfolg wünschen bei dem Einsatz des Schülerarbeitsbuchs und Kopiervorlagenwerks **Max Beckmann – Anmalen und weitergestalten**

der Kohl-Verlag und *Eckhard Berger*

Max Beckmann

Max Beckmann wurde 1884 in Leipzig als Sohn eines Müllers geboren. Er war kein guter Schüler, hatte aber ein großes Interesse an Kunst und Kunstgeschichte. Trotz des Widerstandes seiner Familie wollte er Künstler werden. Er durfte in Weimar studieren, nachdem ihn die Kunstakademie in Dresden abgelehnt hatte, und hielt sich in Paris auf, wo ihn das Werk des berühmten Künstlers Paul Cézanne begeisterte. Später gründete er die bedeutende Künstlervereinigung Freie Secession mit, stellte oft aus und wurde anerkannt. Seine Teilnahme am 1. Weltkrieg endete angesichts der schrecklichen Erlebnisse mit einem Nervenzusammenbruch. Unter den Nationalsozialisten galt er als entartet und gehasst. Er begab sich dann nach Amsterdam in den Untergrund, wo er Kontakte zu Widerstandskreisen hatte. Später siedelte er in die USA und erhielt große Anerkennungen.

Aufgabe: *Schaue dir die Landkarte mit den Orten in Deutschland, wo er sich aufhielt. Was er dort alles machte, erfährst du auf den folgenden Seiten. Finde die Orte im Atlas. Male Deutschland gelb und die Orte rot an.*

Max Beckmann schrieb so seinen Namen auf seine Kunstwerke.

Max Beckmann

Schreibe deinen Namen in den Kasten.

MAX BECKMANN Anmalen und weitergestalten – Bestell-Nr. 13 075
KOHL VERLAG

Porträt

Max Beckmann porträtierte sich um 200 Mal in verschiedenen Haltungen und Situationen und mit verschiedenen Materialien. Hier in dem mit Ölfarben gemalten Leinwandbild **Selbstbildnis mit Sektglas** (1919) zeigt er sich elegant im Smoking an der Theke eines Nachtlokals. Er versucht wieder fröhlich zu sein, denn der 1. Weltkrieg ist seit einem Jahr vorbei, an dem er als Soldat teilnahm, bis er nach einem Nervenzusammenbruch entlassen wurde.

Aufgabe: *Zeichne sein Bild weiter und male es an.*

MAX BECKMANN
Anmalen und weitergestalten – Bestell-Nr. 13 075

Porträt 2

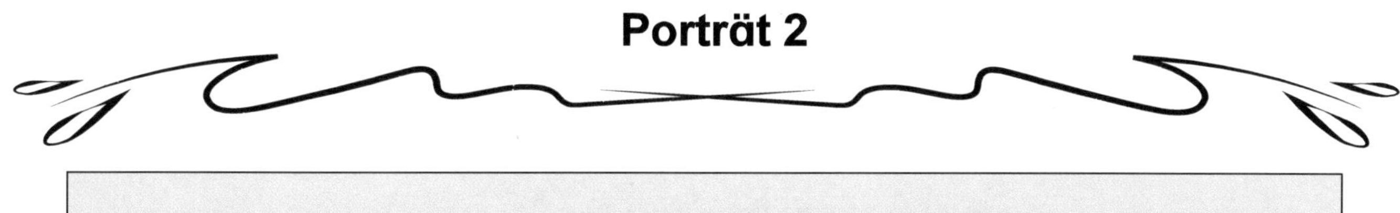

Aufgabe: *Dieses Porträt zeichnete er 1946. Es zeigt ihn ernst und nachdenklich. Male es an und zeichne dich anschließend in dieser Haltung mit dem Bleistift oder einem schwarzen Stift auf ein Zeichenblockblatt.*

Minna Tube

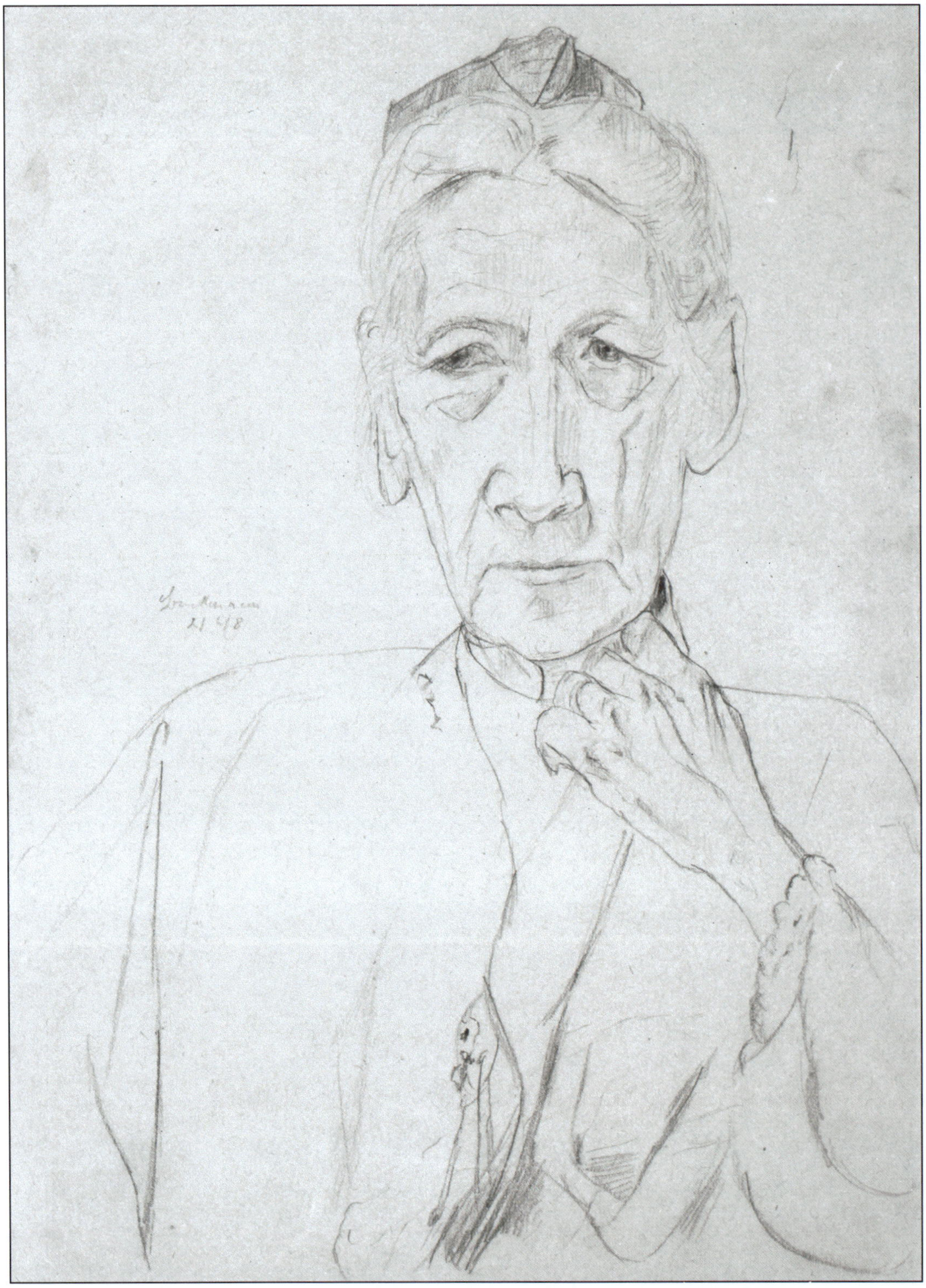

1918 zeichnete er seine Frau **Minna Tube** mit dem Bleistift und nannte das Bild **Frau Tube**. Er hatte sie, eine Opernsängerin und Malerin, in Weimar an der Kunsthochschule kennengelernt und war mit ihr seit 1906 verheiratet. **Peter** war ihr gemeinsamer Sohn.

Aufgabe: *Male sie an.*

MAX BECKMANN
Anmalen und weitergestalten – Bestell-Nr. 13 075

Quappi 1925

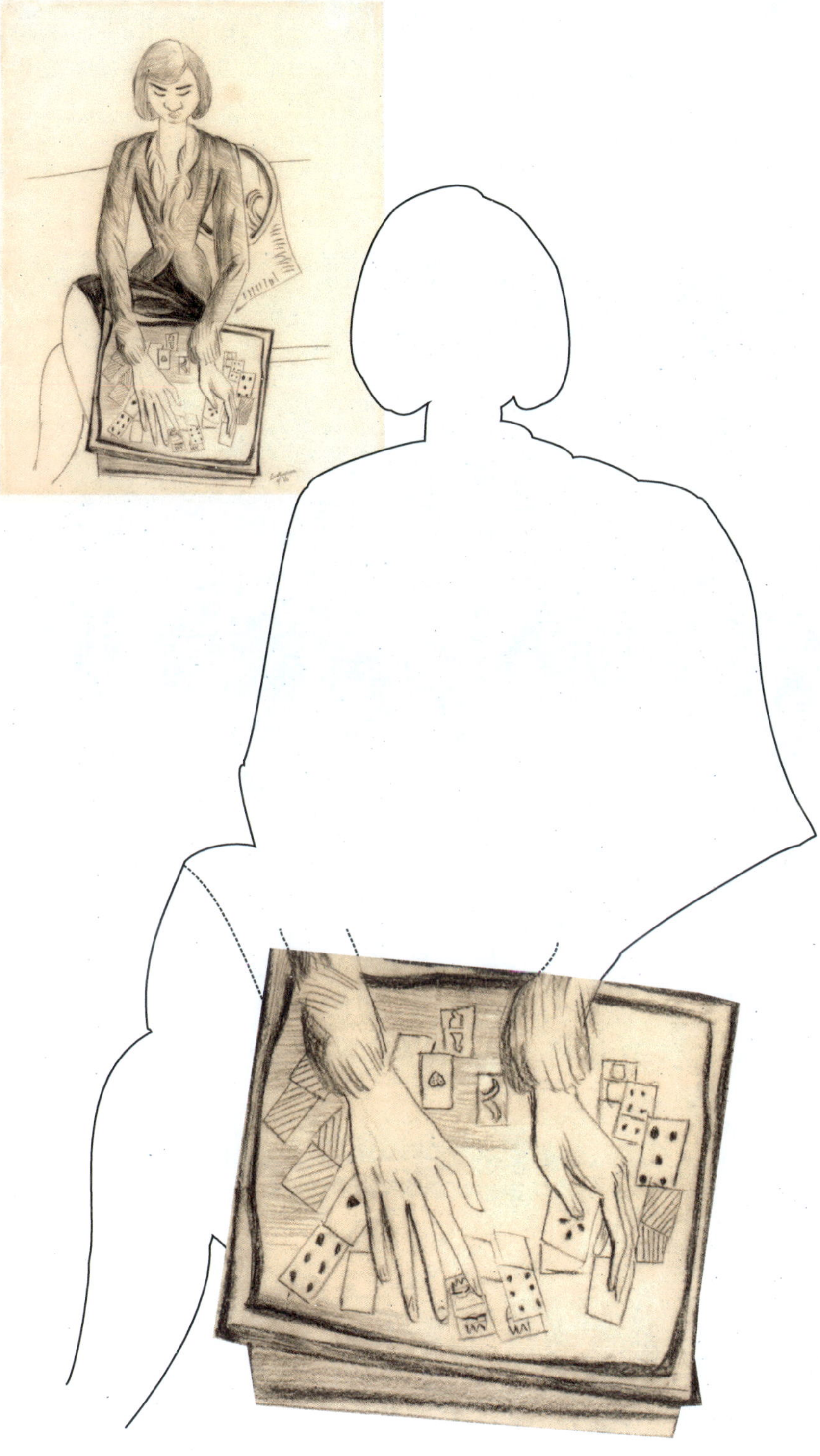

Mit schwarzer Kreide zeichnete er in **Quappi, Patience legend** (1926) seine zweite Frau **Mathilde von Kaulbach**, deren Spitzname **Quappi** war, beim Kartenlegen. Er war mit ihr, eine Schauspielerin und Musikerin, seit 1925 verheiratet. Von seiner ersten Frau **Minna** hatte er sich zuvor scheiden lassen.

Aufgabe: *Zeichne Mathilde von Kaulbach mit einem Bleistift in den Umriss und male sie an.*

Krieg

Max Beckmann nahm am 1. Weltkrieg (1914-1918) freiwillig als Sanitäter an der Front teil. Aufgrund der schrecklichen Erlebnisse erlitt er 1915 einen Nervenzusammenbruch und wurde aus dem Dienst entlassen.

Aufgabe:

a) *Schreibe auf, welche Leiden und Nöte Kriege verursachen.*

b) *Schreibe auf, wo es zur Zeit Kriege gibt. Nenne ihre Gründe.*

c) *Klebe ein Blatt Papier an. Schneide Artikel aus Zeitungen über Kriege, Kriegs- und Friedensbefürworter und Friedensdemonstrationen und klebe sie darauf.*

____

____

____

____

____

Hier ankleben

KOHL VERLAG Lernen mit Erfolg
MAX BECKMANN Anmalen und weitergestalten – Bestell-Nr. 13 075

Hauptbahnhof 1943

Er zog nach seiner Entlassung als Sanitäter nach Frankfurt, um sich zu erholen. 1943 schuf er aus der Erinnerung das Bild **Frankfurter Hauptbahnhof**. Hier hielt er sich gerne auf und war oft Gast im luxuriösen Restaurant. Er mochte dort die lebendige, internationale Stimmung.

Aufgabe: *Klebe ein Blatt Papier an und male die rechte Bildhälfte dazu.*

Hier ankleben

MAX BECKMANN
Anmalen und weitergestalten – Bestell-Nr. 13 075

Der Abend 1916

In Frankfurt wohnte er im Haus des mit ihm befreundeten Malers **Ugi Battenberg**, wo er sich langsam von seiner Teilnahme am 1. Weltkrieg erholte. In dem Druck **Der Abend (Selbstbildnis mit den Battenbergs)** stellte er sich 1916 zwischen seinem Freund und dessen Frau **Fridel** dar. Mit dabei ist eine rätselhafte schwarze Katze, die oft in seinen Bildern zu sehen ist.

Aufgabe: *Zeichne das Bild nach allen Seiten weiter und male es an.*

MAX BECKMANN
Anmalen und weitergestalten – Bestell-Nr. 13 075
KOHL VERLAG

Der Hunger 1919

Er arbeitete auch kritisch und anklagend. In dem Druck **Der Hunger** (1919) stellte er arme Leute dar, die nach dem 1. Weltkrieg kaum etwas zu Essen hatten.

Aufgabe: *Erzähle, wie sich Hunger anfühlt. Berichte über Armut in Deutschland und anderen Ländern. Male das Bild an.*

Frankfurt 1919

Die Synagoge in Frankfurt am Main malte er 1919 als erstes Bild einer Reihe von Stadtansichten. Zwischen scheinbar wankenden Häusern ist er nachts mit zwei Freunden auf dem Heimweg.

Aufgabe: *Beschreibe das Bild und zeichne farbig in die Umrisse. Male mit Pinseln und Tuschfarben auf ein Zeichenblockblatt eine Ansicht von deinem Wohnort.*

MAX BECKMANN
Anmalen und weitergestalten – Bestell-Nr. 13 075
KOHL VERLAG

Die Straße 1919

Von 1918 bis 1923 schuf Max Beckmann viele Bilder mit beengenden Großstadtansichten, zum Beispiel **Die Straße** (1919).

Aufgabe : *Beschreibe das Bild und male es an. Klebe ein Blatt Papier an und fertige mit dem Bleistift eine Großstadtansicht, wie du sie erlebst.*

Hier ankleben

Käthe von Porada 1924

Bildnis von Käthe Porada von 1924 zeigt die Journalistin Käthe Porada, die ihn intensiv förderte und seinen Umzug in das Exil in Amsterdam in den Niederlanden wegen der Diktatur der Nazis in Deutschland vorbereitete.

Aufgabe: *Gestalte ihr Kleid und male es an.*

Saxofone 1926

Max Beckmann glaubte, aus seinem Gemälde **Stillleben mit Saxofonen** (1926), die Jazzmusik, die er so sehr liebte, zu hören.

Aufgabe: *Was meinst du dazu? Nenne deine Lieblingsmusik. Zähle die Gegenstände auf, die paarweise in dem Bild zu sehen sind. Zeichne die Saxofonteile mit dem Bleistift in das Bild und male sie an.*

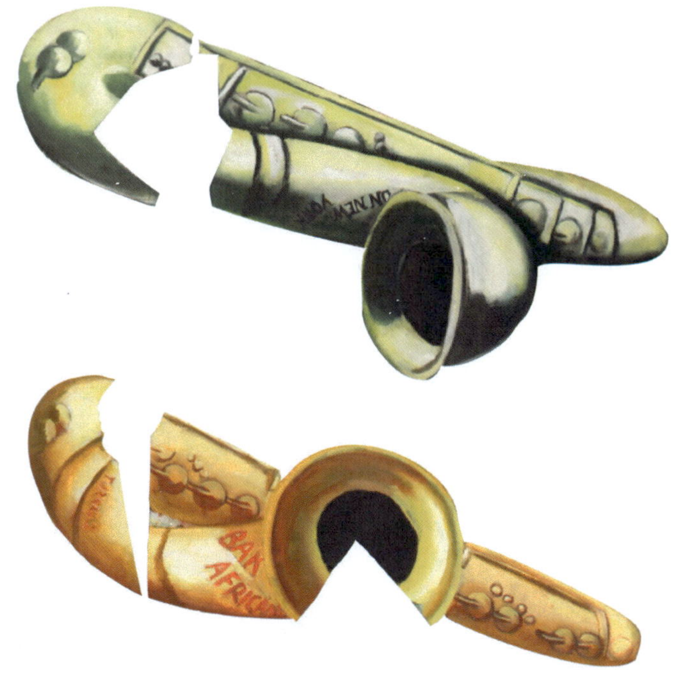

Lesende Mädchen 1930

Aufgabe: *1930 malte er das Bild* ***Ohne Titel (Zwei lesende Mädchen)****. Beschreibe es. Zeichne die fehlenden Hälften dazu und male sie an. Male dich beim Lesen mit Pinseln und Tuschfarben auf einem Zeichenblockblatt.*

Der Mord 1933

Aufgabe: *1933 malte er mit Pinseln und Wasserfarben das Bild* ***Der Mord.*** *Schreibe dazu eine kurze Geschichte in die Blase. Klebe ein Blatt Papier an, denke dir ein Tatmotiv aus und skizziere es mit dem Bleistift.*

Hier ankleben

MAX BECKMANN
Anmalen und weitergestalten – Bestell-Nr. 13 075
KOHL VERLAG

Stillleben 1939

Das Bild **Stillleben mit Mimosen** entstand 1939. Es wirkt mit der empfindlichen Blume heiter, aber die Zeit war seit 1933 nicht mehr heiter für Max Beckmann. Die Nationalsozialisten waren in Deutschland an der Macht. Sie verboten ihm, Kunst zu unterrichten, zu malen und auch auszustellen. Seine Bilder wurden als entartet bezeichnet.

Aufgabe: *Beschreibe das Bild. Klebe ein Blatt Papier an und zeichne das Bild in deinem Stil nach. Male es an.*

Hier ankleben

Zirkus 1940

Das Gemälde **Zirkuswagen** schuf Max Beckmann 1940 in seinem Exil in Amsterdam, denn in Deutschland war er bei den Nationalsozialisten verhasst. In dem Bild, das die Enge seiner Wohnung und die Bedrohung seines Lebens durch die Nationalsozialisten widerspiegelt, siehst du ihn als Zeitung lesenden Zirkusdirektor und seine Frau Mathilde als auf dem Sofa liegende Wahrsagerin.

Aufgabe: *Zeichne ihn und seine Frau in das Bild. Beschreibe, was du noch alles siehst. Male dich in einer Zirkusszene mit Pinseln und Tuschfarben auf einem Zeichenblockblatt.*

Beckmannpuzzle 1950

Das große Ölbild **Hinter der Bühne** malte der Künstler, der seit 1947 in den USA lebte, als sein letztes Werk 1950 einen Tag vor seinem Tod. Er starb an einem Herzinfarkt auf einer Straße in New York. In dem Bild ist ein großer, tiefer Raum mit Gegenständen für eine Aufführung zu sehen.

Aufgabe: *Zähle die Gegenstände auf. Klebe es auf eine feste Unterlage und schneide es auf den Linien in einzelne Teile. Du erhältst ein Max-Beckmann-Puzzle.*

MAX BECKMANN
Anmalen und weitergestalten – Bestell-Nr. 13 075
KOHL VERLAG

Informationen über Max Beckmann

Max Beckmann, dessen vollständiger Vorname **Max Carl Friedrich** war, wurde am 12. Februar 1884 in Leipzig (Foto oben) geboren und starb am 27. Dezember 1950 in New York City.

Er war das dritte Kind seiner Eltern **Antoinette Henriette Bertha Dübere** und **Carl Heinrich Christian Beckmann**. Seine Geschwister, **Margarethe** und **Richard**, waren wesentlich älter. Der Vater besaß eine Mühle und verdiente den Lebensunterhalt als Müller, danach als Getreidehändler und später als Vermittler von Mühlen.

Max Beckmann besuchte anfangs die Volksschule und später das Gymnasium in Leipzig. Weitere Schulwechsel nach dem Tod seines Vaters folgten. Er war kein guter Schüler. Dennoch interessierte ihn Kunst und Kunstgeschichte. 1898 schuf er sein erstes Selbstporträt, dem später einmal über 200 weitere folgen sollten.

1899 verließ er ein privates Internat und beschloss, trotz des sehr heftigen Widerstandes der Familie Künstler zu werden. Seine Bewerbung an der **Kunstakademie** in Dresden wurde allerdings abgelehnt. 1900 durfte er an der **Großherzoglichen Kunsthochschule** in Weimar studieren. 1903 zog er nach Paris, wo er die Werke des französischen Künstlers **Paul Cézanne** kennenlernte und bewunderte. Er mietete sich ein Atelier und nahm ein Studium an der **Académie Colarossi** auf. Viele Bilder malte er, die er später zum großen Teil zerstörte.

Paul Cézanne
Mont Sainte-Victoire 1904

Informationen über Max Beckmann

1904 zog er nach Berlin. 1906 nahm er an der Ausstellung der bekannten **Berliner Secession**, einer in Deutschland einflussreichen Künstlervereinigung in Weimar, teil und bekam den Ehrenpreis des Deutschen Künstlerbundes. 1906 heiratete er **Minna Tube**, die er an der **Kunsthochschule** in Weimar kennen gelernt hatte. Ihr gemeinsamer Sohn **Peter** wurde 1908 geboren.

Max Liebermann
Karren des Badewärters 1908

Ernst Ludwig Kirchner
Liegende Frau im weißen Hemd um 1909

1907 wurde er Mitglied der Berliner Secession, zu der auch **Max Liebermann und Lovis Corinth** gehörten. Der Gruppe **Brücke** mit **Ernst Ludwig Kirchner** wollte er nicht beitreten, da er den von ihr gepflegten Stil **Expressionismus** ablehnte. Er trat für den **Impressionismus** ein und malte Landschaften, Interieuers und Porträts.

1914 wurde er einer der Gründer der **Freien Secession**, einer neuen Künstlervereinigung.

Der Beginn des **1. Weltkriegs** (Foto unten links), der von 1914 bis 1918 dauerte, war für ihn und sein Schaffen ein großer Einschnitt. Er meldete sich als freiwilliger Sanitäter an die Front. Auf Menschen wollte er nicht schießen, denn von französischen Künstlern hatte er sehr viele Anregungen für seine Arbeit bekommen und mit dem russischen Schriftsteller **Fjordor Michailowitsch Dostojewski** war er befreundet. Die schrecklichen Kriegserlebnisse konnte er aber psychisch nicht verkraften, er erlitt 1915 einen Nervenzusammenbruch und wurde vorzeitig entlassen.

Er zog dann nach Frankfurt in das Haus des mit ihm befreundeten Malers **Ugi Battenberg** und brauchte viel Zeit, um sich zu erholen. Um 1916 änderte Max Beckmann seinen Stil und wandte sich dem Expressionismus zu. Die Bildinhalte wurden kritischer und manchmal rätselhaft. Auch illustrierte er Bücher.

Informationen über Max Beckmann

Nachdem er sich von seiner ersten Frau Minna getrennt hatte, heiratete er 1925 **Mathilde von Kaulbach.**

Sein Bekanntheitsgrad nahm zu. Zahlreiche Ausstellungen in den vielen europäischen Großstädten folgten. 1925 übernahm er an der **Städelschule** in Frankfurt eine Meisterklasse. Er wurde mit dem **Reichsehrenpreis Deutscher Kunst** ausgezeichnet und erhielt die **Goldene Medaille** der Stadt Düsseldorf für sein **Großes Stillleben mit Fernrohr** (Foto oben), das er 1927 schuf und eines seiner Hauptwerke war.

In Paris gründete er ein Atelier und arbeitete dort immer öfter. Als die Nationalsozialisten 1933 die Macht in Deutschland übernahmen, durfte er nicht mehr unterrichten. Er zog in diesem Jahr nach Berlin. Die Nationalsozialisten verachteten seine Bilder. 1937 zeigten sie diese auf der Ausstellung **Entartete Kunst** in München. Einige wurden auch verbrannt. Er wurde als meistgehasster Künstler gebrandmarkt. 1938 reiste nach London, um die Gegenausstellung zur **Entarteten Kunst** zu besuchen.

Max Beckmann zog sich dann nach Amsterdam (Foto unten) zurück und arbeitete dort weiter. Als schließlich deutsche Soldaten die Niederlande überfielen und besetzt hielten, begab er sich in den Untergrund, um den fürchterlichen Krieg zu überleben. Er hatte Kontakte zu Widerstandskreisen, was für ihn eine weitere Gefahr bedeutete.

KOHL VERLAG MAX BECKMANN Anmalen und weitergestalten – Bestell-Nr. 13 075

Informationen über Max Beckmann

1947 siedelte Max Beckmann in die USA über. Dort gab er in St. Louis (Foto oben links) an der **Washington University** Unterricht.
1949 begab er sich nach New York (Foto oben rechts) und unterrichtete am **Art Department** des **Brooklyn Museums**. Ein Jahr später wurde er zum Ehrendoktor ernannt. 1950 starb er an einem Herzinfarkt mitten auf einer Straße in Manhattan (New York).

Seine Werke wurden seitdem den Besuchern weltweit auf vielen Ausstellungen gezeigt. Sie sind im Besitz zahlreicher Sammlungen, Archive und Museen, zum Beispiel in den **Bayerische Staatsgemäldesammlungen** in München, in der **Kunsthalle** in Hamburg (Foto unten links) und im **Städel Museum** in Frankfurt (Foto unten rechts).

Nach seinem Tod wurden Max Beckmann viele Anerkennungen und Ehrungen zuteil. Schulen in Nürnberg, Berlin und Frankfurt wurde nach ihm benannt. In Berlin wurde er Namensgeber für einen Platz und in Frankfurt für eine Straße. Seit 1978 verleiht die Stadt Frankfurt alle drei Jahre den mit 50.000 Euro dotierten **Max-Beckmann-Preis** an Künstler für hervorragende Leistungen. Die **Deutsche Post** gab Briefmarken mit Werken von ihm heraus. Ein Asteroid wurde nach ihm benannt. In Leipzig wurde für das Gedenken an ihn und sein Werk eine Stele am **Museum der bildenden Künste** aufgestellt.

Galerie

Max Beckmann
Selbstbildnis 1905

Max Beckmann
Eisgang 1923

Max Beckmann
O.T. (Zwei lesende Mädchen) 1930

Galerie

Max Beckmann
Doppelbildnis 1923

Max Beckmann
Mainufer und Kirche 1925

Max Beckmann **Stillleben mit Saxofonen** 1926

Max Beckmann **Die Kaimauer** 1936

MAX BECKMANN
Anmalen und weitergestalten – Bestell-Nr. 13 075
KOHL VERLAG

Max Beckmann **Tänzerin** 1935 (Bronzeguss 1958)

Max Beckmann
Adam und Eva 1936
(Bronzeguss 1979)

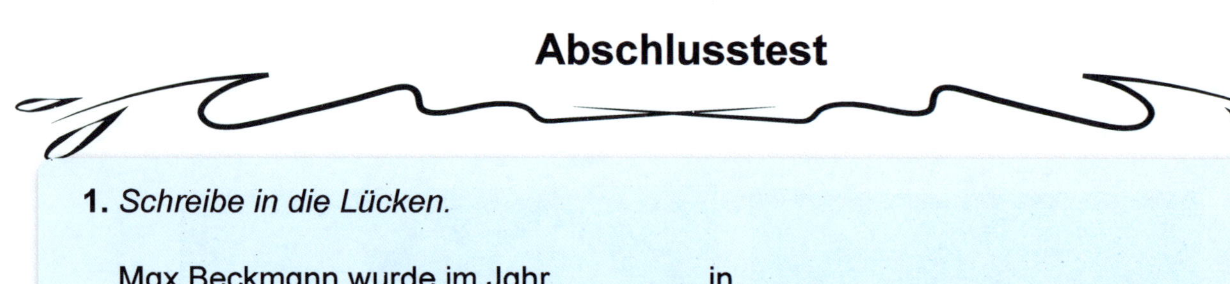

Abschlusstest

1. *Schreibe in die Lücken.*

Max Beckmann wurde im Jahr ________ in ____________________________

geboren und starb im Jahr _________ in______________________________.

2. *Unterstreiche rot, wo er nicht studieren durfte, und grün, wo er studierte..*

Kunstakademie in Dresden   Großherzogliche Kunsthochschule in Weimar

3. *Unterstreiche die richtigen Begriffe.*

1903/1911 zog Max Beckmann nach **München/Paris**.
Minna Tube/Mathilde von Kaulbach war seine erste Frau.
Er war Mitgründer der **Brücke/Freien Secession**.
Anfänglich trat er für den **Expressionismus/Impressionismus** ein.
Als **Sanitäter/Soldat** nahm er am **2./1.** Weltkrieg teil und wurde später
wegen eines **Nervenzusammenbruchs/einer Verwundung** entlassen.
Um 1916 wandte er sich dem **Impressionismus/Expressionismus** zu.
Er unterrichtete an der **Städelschule** in **Frankfurt/Hochschule** in **Paris**.
Für die Nationalsozialisten waren seine Bilder **entartet/nicht entartet**.
Er arbeitete später im Exil in **Paris/Amsterdam**.
1945/1947 siedelte er in die USA über.

4. *Kreuze die Ehrungen an, die ihm nach seinem Tod zuteil wurden.*

O Nennung von Schulen nach ihm
O Briefmarken mit Werken von ihm
O Aufstellung einer Stele
O Namengeber für ein Auto
O Nennung eines Astroiden nach ihm
O Verleihung Max-Beckmann-Preis

5. *Nenne den Titel und das Jahr der Entstehung.*

____

____

____

____

Lösungen Abschlusstest

1.
1884, Leipzig
1950, New York

2.
Großherzogliche Kunsthochschule in Weimar

3.
1903, Paris
Minna Tube
Freie Secession
Impressionismus
Sanitäter, 1. Weltkrieg, Nervenzusammenbruch
Expressionismus
Städelschule in Frankfurt
entartet
Amsterdam
1947

4.
Nennung von Schulen nach ihm, Briefmarken mit Werken von ihm,
Aufstellung einer Stele, Nennung eines Astroiden nach ihm,
Verleihung Max-Beckmann-Preis

5.
Die Synagoge in Frankfurt am Main
1919

Max Beckmann
Große Brücke 1922

Info/Bestellung: Originalkunst *teamberger.de* ***teamberger@web.de***

Grafiken *printler.com*
art-heroes.com
Designs *redbubble.com*
Mode und Bilder *art-shirt.com*

Eckhard Berger

Autor, Künstler, Designer, Kunsthistoriker und Kunstreferent

- Geboren am 06.06.1951
- wohnt und arbeitet in Brake/Unterweser
- Kunst-, Pädagogik-, Psychologie- und Soziologiestudium, Universität Oldenburg
- Seit 1987 internationale Kunstausstellungen, Events und Kooperationen mit Künstlern, Galerien und Kulturinstitutionen
- Moderne Grafik, Skulpturen, Kunstkonzepte, Schmuck- und Möbeldesign
- Design der Freizeitmodekollektionen ***Segelimagination*** *und* ***Landschaftsimagination*** *(Ich trage Kunst)*
- Werke im privaten und öffentlichen Besitz
- Grafikeditionen für Liebhaber und Sammler
- Gründung der Aktion ***Kunst hilft****, Bilderspenden für wohltätige Organisationen und Hilfs- und Umweltprojekte*
- Innovative Förderkonzepte für Kinder und Jugendliche
- Autor von neuartigen Praxisbüchern für den modernen Kunstunterricht in Deutschland, Österreich und der Schweiz, andere Fachbereiche (Psychologie, Wahrnehmung, Kreativität und Ernährung) und für die Freizeit
- Vorträge zu populären Pädagogik-, Psychologie-, Kunst-, Kunstpädagogik-, Kunstgeschichts- und Kreativitätsthemen
- Mitwirkung in TV- und Kinofilmen

Über 150 Bücher und Publikationen aus dem Kohl-Verlag verfügbar, u.a.

Farbtopf (Vorschule, GS)
Kunterbunte Farbtopfgeschichten (Vorschule, GS)
Kunststarter (Vorschule, GS)
Konzentrieren können (Vorschule, GS)
Zeichnen können, 4 Bände (Vorschule, GS)
Zusatzmaterial Anfangsunterricht (Vorschule, GS)
5-Minuten-Lesegeschichten (Vorschule, GS)
Schwungübungen (Vorschule, GS)
Bunte Farbe (GS)
Kunstwerke für Schulen, 3 Bände (GS)
Kunst fachfremd unterrichten (GS)
Entspannungsmalen (GS)
Kunst in Kürze (GS)
Buchstaben- und Zahlengeschichten (GS)
Zahlen (GS)
Buchstaben (GS)
Kinder fit fördern, 3 Bände (GS)
Kinderkunstland (GS)
Bildstarke Geschichten (GS)
Emmas Kunstentdeckungen, 2 Bände (GS)
Kunst in 3 Niveaustufen (GS)
Anmalen & Weitergestalten für kleine Künstler (GS)
Freies Kreativzeichnen (GS)
Kunstwerke entdecken und anmalen (GS)
Kompetenzförderung Rätseln, zeichnen & anmalen (GS)
Kompetenzförderung Geschichten lesen, zeichnen & anmalen (GS)
Die Kunstepoche
Kompetenzförderung Wahrnehmen, sich konzentrieren, zeichnen & anmalen (GS)
Kunstbonbons, 5 Bände (GS)
Kreatives Gedächtnistraining (GS)
Vertretungsstunden Kunst (GS)
Kunstgeschichte für Kinder (GS, SEK)
Max Beckmann - Anmalen und weitergestalten, Schulmalbuch, 32 Bände mit Der Blaue Reiter, Die Brücke, Pieter Bruegel, Paul Cézanne, Gustave Courbet, Lucas Cranach, Edgar Degas, Albrecht Dürer, Jan van Eyck, Caspar David Friedrich, Paul Gauguin, Vincent van Gogh, Wassily Kandinsky, Ernst-Ludwig Kirchner, Paul Klee, Gustav Klimt, August Macke, Édouard Manet, Franz Marc, Jean-François Millet, Paula Modersohn-Becker, Claude Monet, Camille Pissarro, Rembrandt, Pierre-Auguste Renoir, Henri Rousseau, Peter Paul Rubens, Georges Seurat, Henri de Toulouse-Lautrec, Jan Vermeer, Leonardo da Vinci (GS, SEK)
Anmalen und Weitergestalten für kleine Künstler (GS,SEK)

Superleckere Smoothies, 2 Bände (GS, SEK)
Superleckere Smoothies und Shakes (GS, SEK)
Kunstgeschichte für Kinder (GS, SEK)
Farbe - Komplette Theorie im modernen Kunstunterricht (SEK)
Design - Moderner Kunstunterricht in der Sekundarstufe (SEK)
Moderne Kunst, 3 Bände (SEK)
Künstler in die Klassen, 3 Bände (SEK)
Kunstwerke für Schulen, 3 Bände (SEK)
Kunst in Kürze (SEK)
Kunst COOL, (SEK)
Kunsttipp & Co, 3 Bände, (SEK)
Kunstknaller, 2 Bände (SEK)
Logikrätsel Kunst, 2 Bände (SEK)
Kreuzworträtsel Kunst (SEK)
Emmas Kunstentdeckungen (SEK)
Wir werden Kunstprofi, 2 Bände (SEK)
Kunst fachfremd unterrichten (SEK)
Entspannungsmalen, 2 Bände (SEK)
Internationale Gegenwartskunst (SEK)
Kunst in 3 Niveaustufen (SEK)
Freies Kreativzeichnen (SEK)
Raum und Perspektive (SEK)
Die Kunstepoche Barock (SEK)
Die Kunstepoche Gotik (SEK)
Die Kunstepoche Romantik (SEK)
Die Kunstepoche Klassizismus (SEK)
Die Kunstepoche Impressionismus (SEK)
Die Kunstepoche Expressionismus (SEK)
Die Kunstepoche Realismus (SEK)
Die Kunstepoche Renaissance (SEK)
Die Kunstepoche Jugendstil (SEK)
Kreatives Gedächtnistraining (SEK)
Große Kunstgeschichte, 2 Bände (SEK)
Kunstquizzer (SEK)
Vertretungsstunden Kunst (SEK)
Kreative kurze Kunstprojekte (SEK)
Moderne Kunst, 3 Bände (SEK)
Kunstthema Landschaft (SEK)
Kunstthema Alltag (SEK)
Kunstthema Porträt (SEK)
Kunstthema Stillleben (SEK)
Die große Graffitischule (SEK)
Das große Graffiti-Schulmalbuch (SEK)